AF273121

USBORNE

EL GRAN LIBRO DE
LAS ESTRELLAS
Y LOS PLANETAS

Texto: Emily Bone

Ilustraciones: Fabiano Fiorin

Diseño: Stephen Wright

Experto espacial: Stuart Atkinson

La Tierra

Vivimos en el planeta Tierra: una roca enorme
y redonda que gira alrededor del Sol.

Una capa de gases llamada
atmósfera nos proporciona
el **aire** que respiramos
y nos protege del frío
y el calor excesivos.

Estos remolinos blancos
son **nubes**. La lluvia que
cae de las nubes hace que
crezcan las plantas.

La Tierra también
se conoce como el **Planeta
Azul**. Casi **tres cuartos**
de su superficie están
cubiertos por **mares**
y **océanos**.

Las manchas
verdes y marrones
son zonas de
tierra firme.

El Sol

El sistema solar

La Tierra es uno de los ocho planetas que giran alrededor de una estrella: el Sol. El conjunto se conoce como el sistema solar.

Un **año** es el tiempo que tarda un planeta en completar una vuelta al Sol. La Tierra tarda 365 días.

Además de girar alrededor del Sol, los planetas giran sobre sí mismos. Un **día** es el tiempo que tarda un planeta en dar una vuelta sobre su propio eje. La Tierra tarda casi 24 horas.

Mercurio
Año: 88 días terrestres
Día: 59 días terrestres
Lunas: 0

Venus
Año: 225 días terrestres
Día: 243 días terrestres
Lunas: 0

Algunos planetas tienen **lunas**, esferas de roca o hielo que giran a su alrededor.

Marte
Año: 687 días terrestres
Día: 24 horas, 30 minutos
Lunas: 2

La Tierra
Año: 365 días terrestres
Día: 23 horas, 56 minutos
Lunas: 1

Los planetas de esta página están compuestos en su mayoría por **roca**.

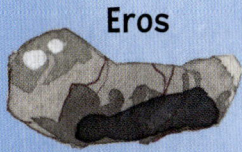

Eros

Ida

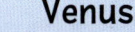

Los **asteroides** son fragmentos de roca, metal o hielo. Suelen estar en una zona llamada el **cinturón de asteroides**. Los más grandes tienen nombre propio.

A veces, los **asteroides** chocan entre sí y cambian bruscamente de dirección.

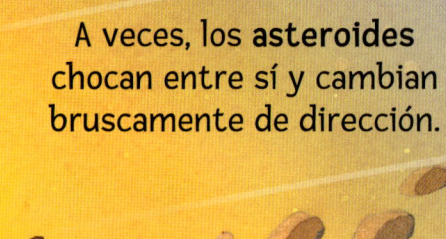

Cuando un asteroide choca contra la superficie de un planeta, forma un agujero enorme llamado **cráter**.

Como **Mercurio** es el planeta más cercano al Sol, su superficie alcanza una temperatura muy alta: hasta cuatro veces más caliente que el agua hirviendo.

Estas líneas representan las **órbitas** o trayectorias que siguen los planetas alrededor del Sol.

El **Sol** es una **estrella**, es decir, una enorme esfera de gas que emite luz y calor. Es un millón de veces más grande que **la Tierra**.

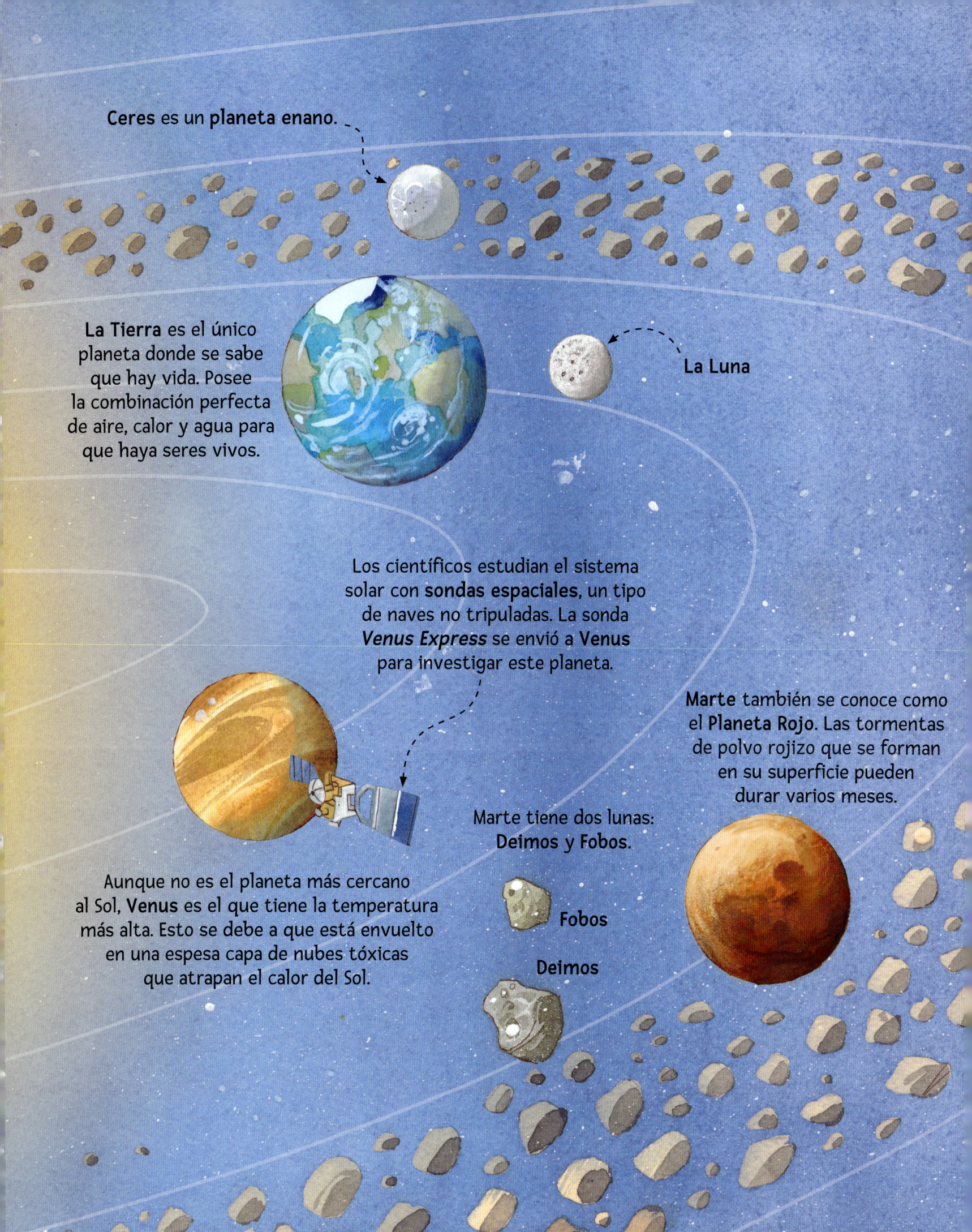

Ceres es un **planeta enano**.

La Tierra es el único planeta donde se sabe que hay vida. Posee la combinación perfecta de aire, calor y agua para que haya seres vivos.

La Luna

Los científicos estudian el sistema solar con **sondas espaciales**, un tipo de naves no tripuladas. La sonda *Venus Express* se envió a **Venus** para investigar este planeta.

Marte también se conoce como el **Planeta Rojo**. Las tormentas de polvo rojizo que se forman en su superficie pueden durar varios meses.

Marte tiene dos lunas: Deimos y Fobos.

Fobos

Deimos

Aunque no es el planeta más cercano al Sol, **Venus** es el que tiene la temperatura más alta. Esto se debe a que está envuelto en una espesa capa de nubes tóxicas que atrapan el calor del Sol.

En el espacio hay miles de objetos artificiales. Los **satélites** son **naves** que giran alrededor de nuestro planeta recogiendo y enviando información.

La Luna es una esfera de roca que gira alrededor de la Tierra y que se ve en el cielo por la noche.

Los **satélites meteorológicos** ayudan a predecir el tiempo.

Los **satélites del Sistema de Posicionamiento Global** o **GPS** crean mapas y envían indicaciones a nuestros teléfonos, ordenadores y vehículos.

Las manchas blancas son montañas que hay en la superficie de la Luna.

Los **satélites de televisión** se encargan de enviar señales por todo el mundo.

Los **meteoros** son pequeñas rocas espaciales que arden en contacto con la atmósfera terrestre.

En la Tierra viven más de **8.000 millones** de personas. Las luces de las grandes **ciudades** se ven desde el espacio.

El Sol

El Sol es una estrella, es decir, una gigantesca bola de gases en combustión que da luz y calor a los planetas.

La superficie solar se llama **cromosfera** y su temperatura es 60 veces mayor que la del agua hirviendo.

Las **protuberancias solares** son bucles enormes de gas incandescente que salen despedidos hacia el espacio. Pueden ser 20 veces más grandes que la Tierra.

Dentro de **Júpiter** cabrían
más de 1.000 planetas
como la Tierra.

Júpiter tiene
unos **anillos** de polvo
muy finos.

Ío

Calisto

Europa

Ganímedes

La mayoría de los asteroides orbitan el Sol
en una misma zona situada entre **Marte** y
Júpiter, llamada el **cinturón de asteroides**.

La Gran Mancha Roja
es un huracán gigantesco
que lleva activo más
de 300 años.

Las **lunas de Júpiter**
también son enormes.
La mayor de todas,
Ganímedes, supera
en tamaño a Mercurio.

Titán es la luna más grande
de Saturno. Está cubierta de
densas nubes de color naranja.

Los anillos de **Saturno**
están formados por millones
de fragmentos de hielo, roca y polvo.
Aunque tienen una anchura de cerca
de 300.000 km, en algunos tramos
su grosor solo alcanza los 9 metros.

Los **cometas** son acumulaciones de hielo, polvo y roca que se derriten y descomponen mientras atraviesan el espacio, dejando tras de sí una cola brillante.

Neptuno está asolado constantemente por tormentas con vientos 10 veces más veloces que cualquier tornado terrestre.

Urano parece estar inclinado sobre un costado. Es probable que esto se deba al impacto de un asteroide de gran tamaño en un pasado lejano.

Tritón es la luna más grande de Neptuno.

El **cinturón de Kuiper** es una franja de restos de hielo, roca y polvo, donde se han descubierto varios **planetas enanos**.

Plutón

Eris

Titania es la luna más grande de Urano.

Makemake

Haumea

Los planetas de esta página están compuestos en su mayoría de **gases**.

Júpiter
Año: 12 años terrestres
Día: 9 horas, 56 minutos
Lunas: un mínimo de 95

Júpiter es **el planeta más grande** del sistema solar.

Saturno
Año: 29,5 años terrestres
Día: 10 horas, 42 minutos
Lunas: más de 200

Los planetas gaseosos tienen **anillos** de polvo, roca y hielo a su alrededor.

Los **anillos de Saturno** son especialmente anchos y espectaculares.

Urano
Año: 84 años terrestres
Día: 17 horas, 14 minutos
Lunas: un mínimo de 28

Neptuno
Año: 165 años terrestres
Día: 16 horas, 6 minutos
Lunas: un mínimo de 16

Un **planeta enano** es más grande que un asteroide, pero más pequeño que un planeta. Este es el planeta enano **Plutón**.

Los planetas del sistema solar tienen tamaños muy distintos. Fíjate en los dibujos de abajo para compararlos.

Mercurio · Venus · La Tierra · Marte · Júpiter · Saturno · Urano · Neptuno

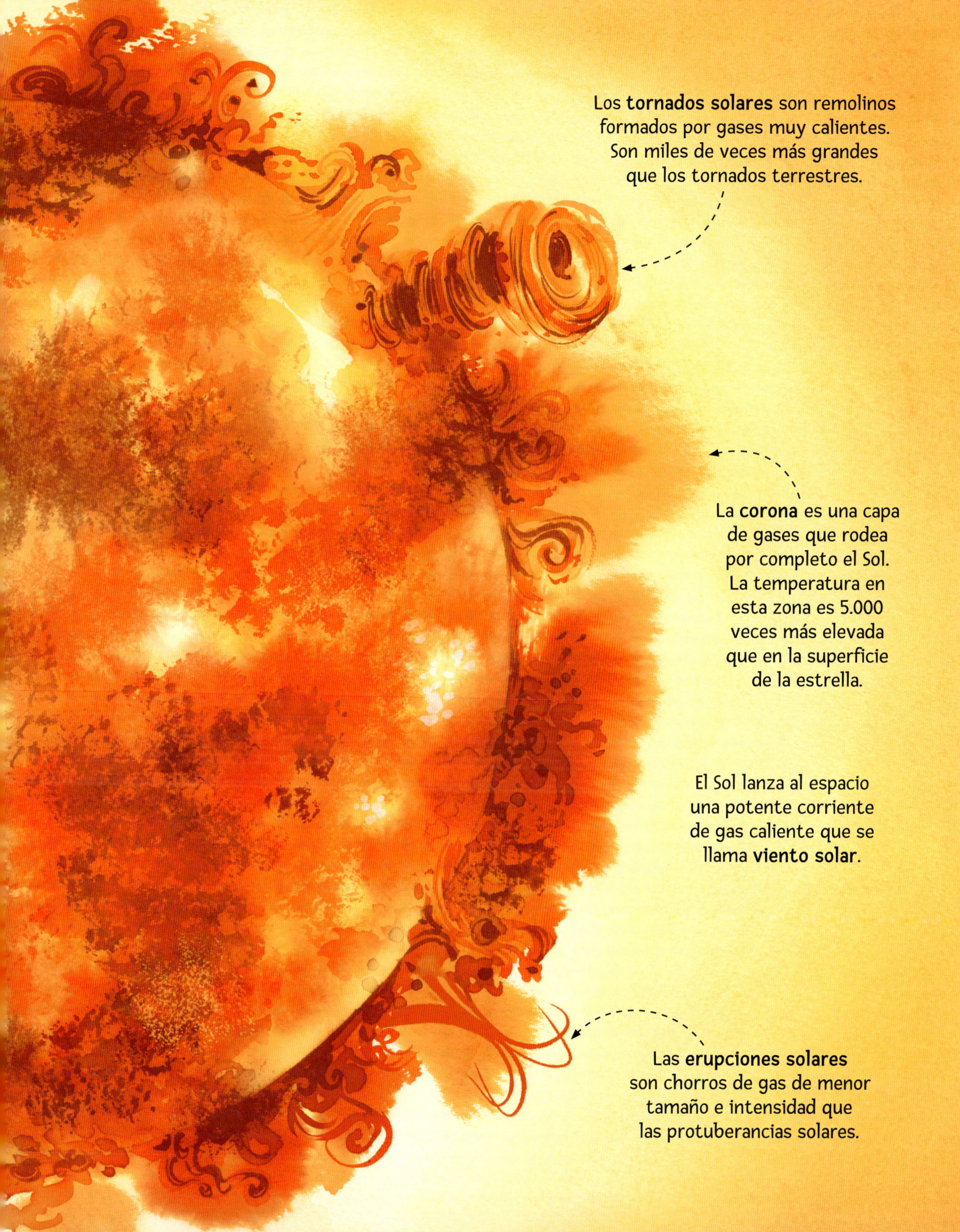

Los **tornados solares** son remolinos formados por gases muy calientes. Son miles de veces más grandes que los tornados terrestres.

La **corona** es una capa de gases que rodea por completo el Sol. La temperatura en esta zona es 5.000 veces más elevada que en la superficie de la estrella.

El Sol lanza al espacio una potente corriente de gas caliente que se llama **viento solar**.

Las **erupciones solares** son chorros de gas de menor tamaño e intensidad que las protuberancias solares.

Las estrellas

En el espacio hay miles de millones de estrellas y no paran de formarse otras nuevas, que nacen en unas nubes gigantescas de gas y polvo llamadas nebulosas.

Una **nebulosa** puede adoptar formas increíbles. Aquí vemos una parte de la **nebulosa del Águila**. El polvo y el gas alcanzan temperaturas tan altas que se fusionan y forman **estrellas**, es decir, unas bolas de gas en combustión.

Los puntos luminosos son **estrellas jóvenes** recién formadas.

Algunas galaxias se **fusionan**, es decir, se unen lentamente hasta formar una sola galaxia de mayores dimensiones.

Estas dos galaxias **en plena fusión** se llaman los **Ratones** porque sus siluetas recuerdan a las de estos roedores.

Nuestra galaxia es una **galaxia espiral barrada** llamada **Vía Láctea**. Los brazos salen de un núcleo que tiene forma de barra. El Sol es solamente una de sus muchas estrellas.

La **galaxia del Sombrero** recibe este nombre porque parece un sombrero mexicano. En realidad, es una **galaxia lenticular**, un tipo de galaxia con forma de lenteja.

Esta es la **nebulosa de Orión**, que es una de las más cercanas a la Tierra.

Las estrellas suelen agruparse en **cúmulos**.

Existen distintos tipos de estrellas.

Tras muchos millones de años de vida, las estrellas se quedan sin gas y empiezan a morir.

Las **enanas rojas** son las más pequeñas y las menos potentes.

Las **enanas amarillas** producen un flujo estable de luz y calor. El Sol es una enana amarilla.

Cuando dos estrellas giran en torno a un centro común reciben el nombre de **estrellas binarias**.

Las **supergigantes azules** son enormes y miles de veces más calientes y brillantes que nuestro sol.

Las estrellas más grandes, como las supergigantes azules, mueren con una espectacular explosión que se llama **supernova**. La **nebulosa del Cangrejo**, que aparece arriba, es un resto de supernova cuya forma recuerda al caparazón de un cangrejo.

Esta es una **galaxia irregular** llamada **Rueda de Carro**. Se formó cuando dos galaxias chocaron entre sí hace millones de años.

Las **galaxias espirales** tienen un núcleo muy brillante del que salen brazos en forma de espiral. Esta es la **M74** o **galaxia del Abanico**.

Las **galaxias elípticas** son grupos muy densos de estrellas viejas. Esta se llama **Messier 60** porque la catalogó Charles Messier, un astrónomo del siglo XVIII.

Galaxias lejanas

Las galaxias son grupos gigantescos
de estrellas, nebulosas, gases y polvo,
que adoptan formas
espectaculares.

En ocasiones, cuando una estrella muere, su capa exterior se desprende y forma una nube de gas enorme. Un ejemplo es la **nebulosa Ojo de Gato**.

La estrella original queda reducida a una estrella más pequeña y densa, llamada **enana blanca**.

El centro de la Vía Láctea es muy brillante porque en él se agrupan muchos millones de estrellas.

Nuestro **sistema solar** está en uno de los brazos exteriores de la Vía Láctea.

Las galaxias se organizan en grupos. La Vía Láctea forma parte de uno llamado **Grupo Local**, que integran alrededor de 30 galaxias.

La galaxia más cercana a la Vía Láctea es la **galaxia de Andrómeda**.

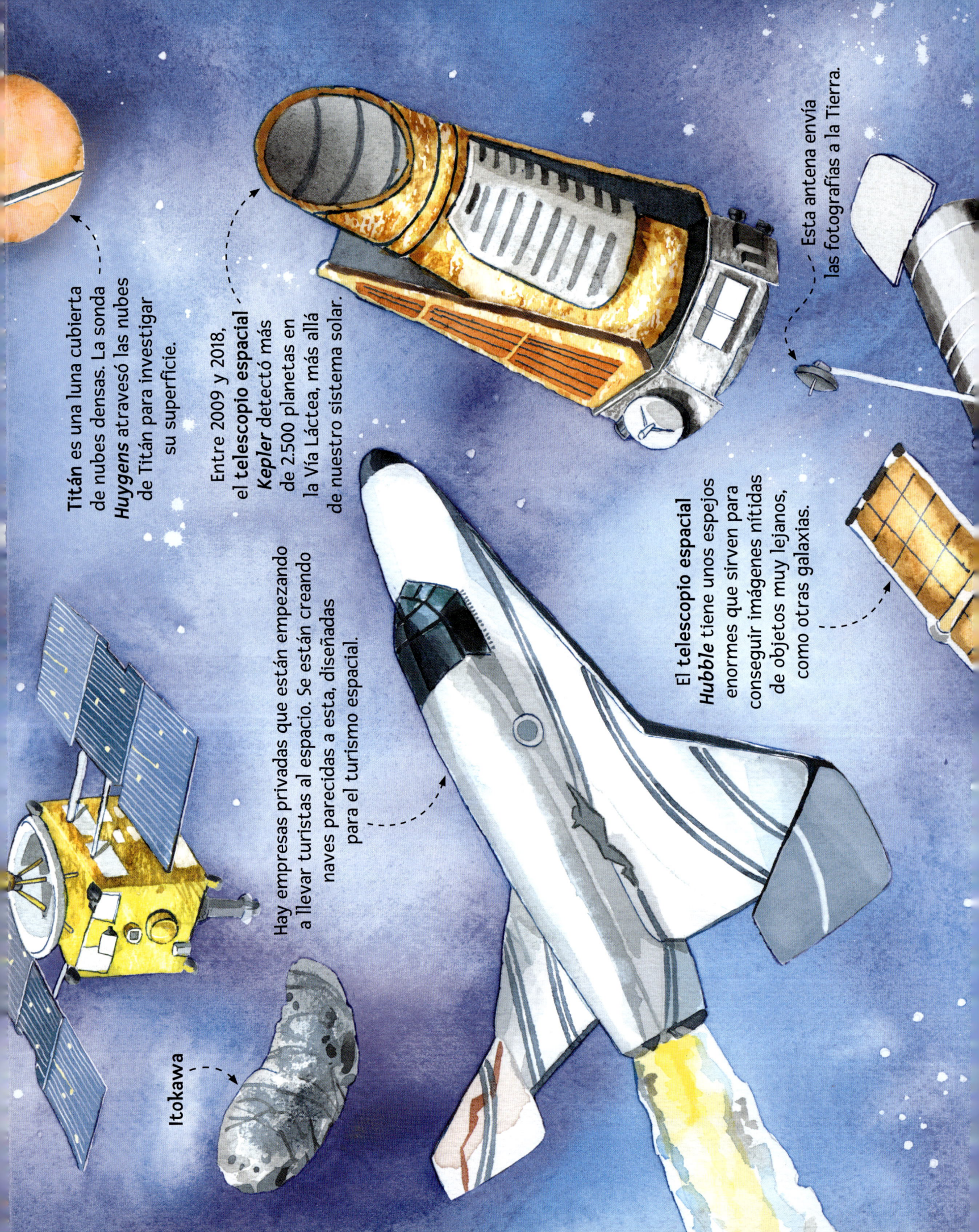

Titán es una luna cubierta de nubes densas. La sonda *Huygens* atravesó las nubes de Titán para investigar su superficie.

Entre 2009 y 2018, el **telescopio espacial** *Kepler* detectó más de 2.500 planetas en la Vía Láctea, más allá de nuestro sistema solar.

Hay empresas privadas que están empezando a llevar turistas al espacio. Se están creando naves parecidas a esta, diseñadas para el turismo espacial.

Itokawa

El **telescopio espacial** *Hubble* tiene unos espejos enormes que sirven para conseguir imágenes nítidas de objetos muy lejanos, como otras galaxias.

Esta antena envía las fotografías a la Tierra.

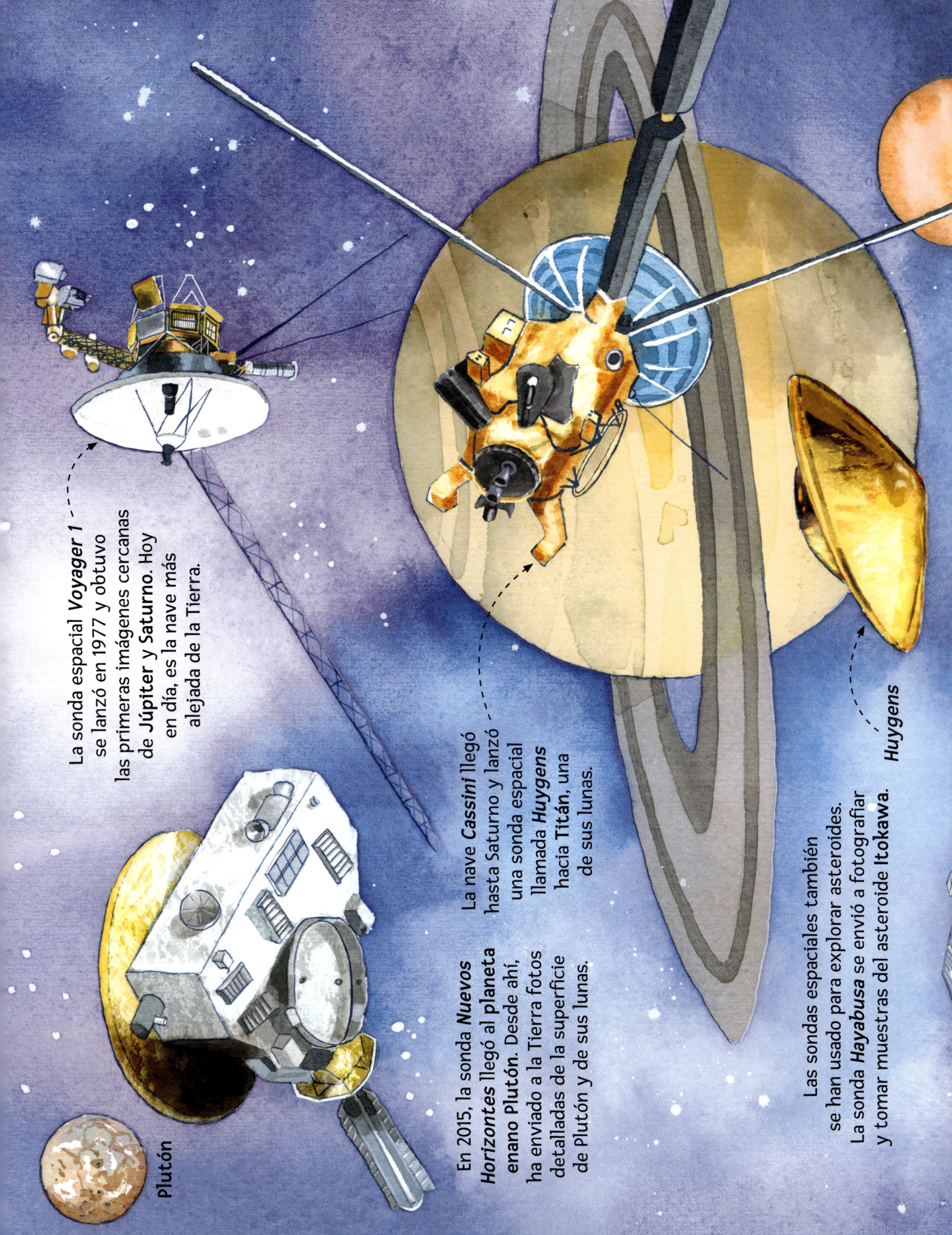

La sonda espacial *Voyager 1* se lanzó en 1977 y obtuvo las primeras imágenes cercanas de Júpiter y Saturno. Hoy en día, es la nave más alejada de la Tierra.

La nave *Cassini* llegó hasta Saturno y lanzó una sonda espacial llamada *Huygens* hacia Titán, una de sus lunas.

Huygens

En 2015, la sonda *Nuevos Horizontes* llegó al planeta enano Plutón. Desde ahí, ha enviado a la Tierra fotos detalladas de la superficie de Plutón y de sus lunas.

Las sondas espaciales también se han usado para explorar asteroides. La sonda *Hayabusa* se envió a fotografiar y tomar muestras del asteroide Itokawa.

Plutón

La última frontera

Estudiamos los planetas y las estrellas con cohetes, naves espaciales y telescopios muy potentes.

La primera nave espacial fue el *Sputnik 1*, un satélite ruso que se puso en órbita alrededor de la Tierra en el año 1957.

Entre 1969 y 1972, las misiones *Apolo* de EE. UU. llevaron a los primeros astronautas a la **Luna** a bordo del **módulo CSM**.

Las sondas espaciales son naves no tripuladas que usan cámaras y otros instrumentos para estudiar el espacio. La sonda *Cassini* se lanzó en 1997.

Los **telescopios espaciales** orbitan la Tierra y permiten ver con mayor claridad objetos muy lejanos.

Los **astronautas** llevan trajes espaciales protectores.

El **módulo lunar**, en el que viajaban los astronautas, se separó del **CSM** y se posó sobre la superficie lunar.

Este es el **telescopio espacial** *Hubble*, que se lanzó en el año 1990.

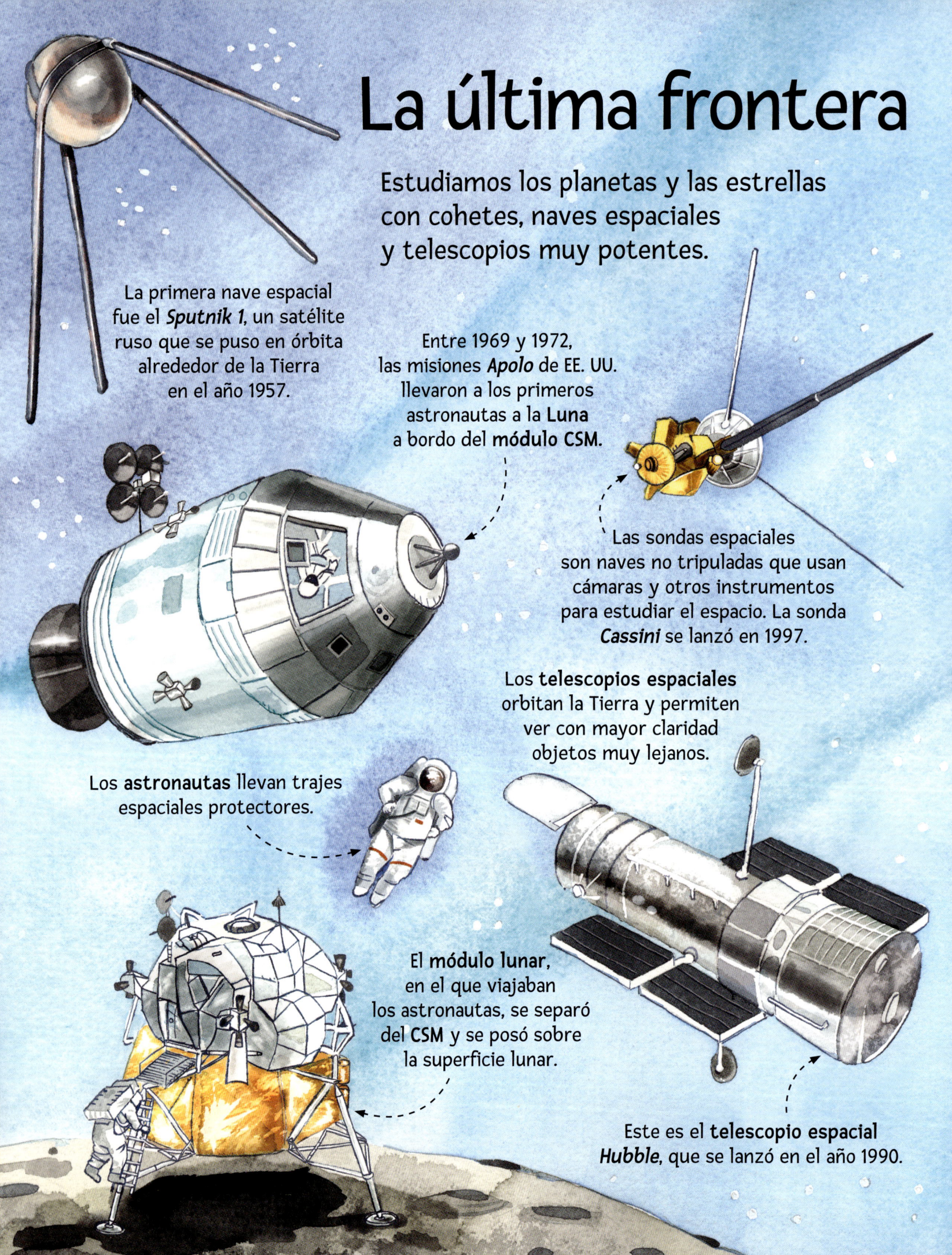

La superficie de Marte

Aunque hoy en día es un planeta frío y seco, se cree que en Marte hubo agua y tal vez incluso vida. Para seguir investigando, se han enviado robots a este planeta.

Los **landers** permanecen donde se posan. Desde ahí, hacen fotos y llevan a cabo experimentos. En 1976, el *Viking 1* se convirtió en la primera nave espacial que se posó en Marte.

Los **rovers** son unos robots con ruedas que se controlan desde la Tierra. Este se llama *Opportunity*.

Estos paneles convierten los rayos solares en energía.

Este brazo recoge muestras de roca.

El *Opportunity* llegó a Marte en 2004. Recogió muestras de distintas rocas y las estudió para saber si habían estado cubiertas de agua o hielo. Se averió en 2018, debido a una fuerte tormenta de polvo.

El *Curiosity* perfora la roca del suelo. Después, recoge el polvo obtenido para analizarlo en busca de indicios de agua.

Antiguas perforaciones

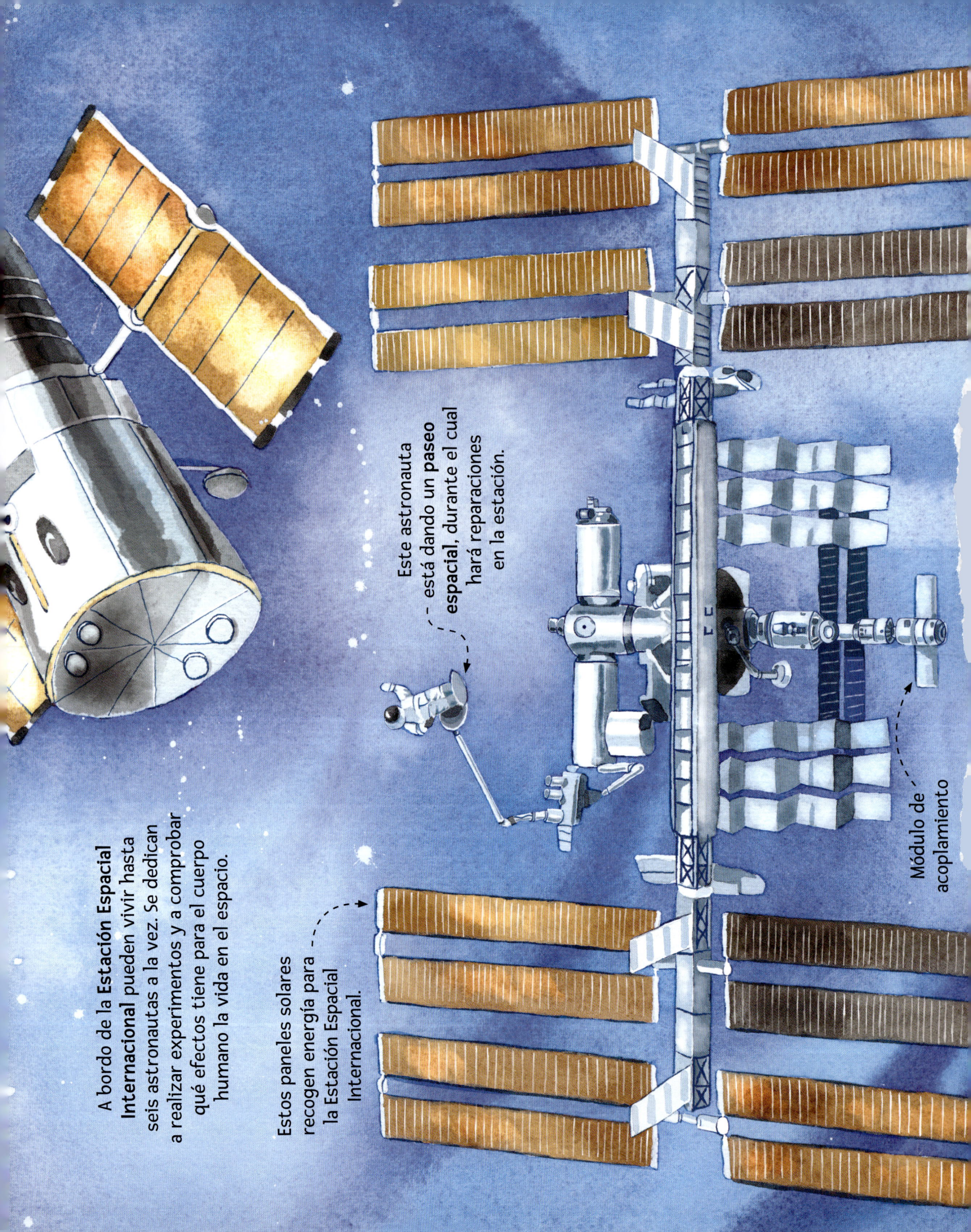

A bordo de la **Estación Espacial Internacional** pueden vivir hasta seis astronautas a la vez. Se dedican a realizar experimentos y a comprobar qué efectos tiene para el cuerpo humano la vida en el espacio.

Estos paneles solares recogen energía para la Estación Espacial Internacional.

Este astronauta está dando un **paseo espacial**, durante el cual hará reparaciones en la estación.

Módulo de acoplamiento

Morro
del cohete

La **nave** *Soyuz*
se aleja del vehículo
de lanzamiento. Luego,
se dirige a la Estación
Espacial Internacional,
donde se acopla para
que los astronautas
entren y salgan.

El **vehículo de
lanzamiento** *Soyuz*
despega desde la Tierra.
El morro se separa
del resto del cohete
para dejar salir
la **nave** *Soyuz*.

Los astronautas
descienden a la Tierra
dentro de una cápsula
de reentrada *Soyuz*.

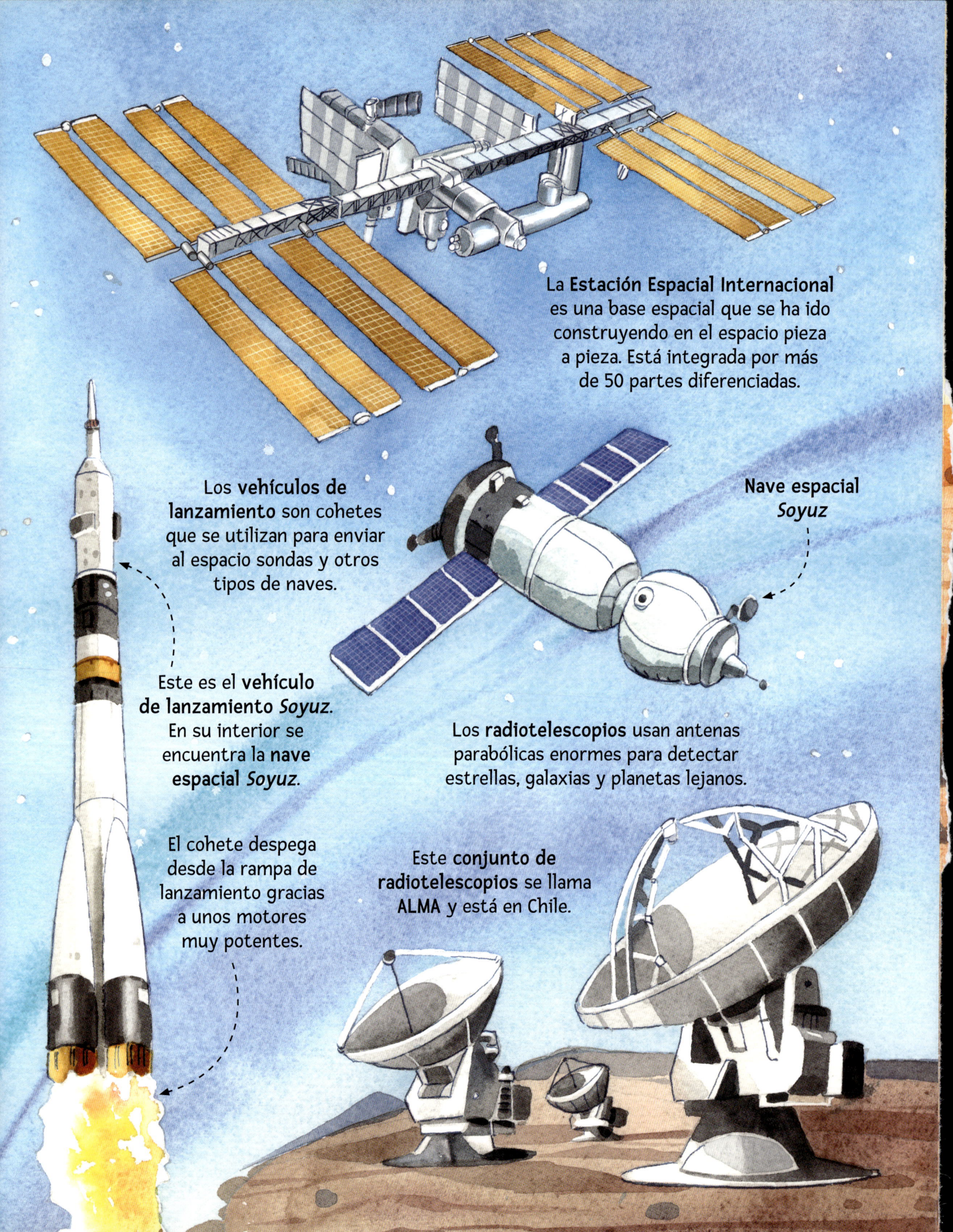

La **Estación Espacial Internacional** es una base espacial que se ha ido construyendo en el espacio pieza a pieza. Está integrada por más de 50 partes diferenciadas.

Los **vehículos de lanzamiento** son cohetes que se utilizan para enviar al espacio sondas y otros tipos de naves.

Nave espacial *Soyuz*

Este es el **vehículo de lanzamiento** *Soyuz*. En su interior se encuentra la **nave espacial** *Soyuz*.

Los **radiotelescopios** usan antenas parabólicas enormes para detectar estrellas, galaxias y planetas lejanos.

El cohete despega desde la rampa de lanzamiento gracias a unos motores muy potentes.

Este **conjunto de radiotelescopios** se llama ALMA y está en Chile.

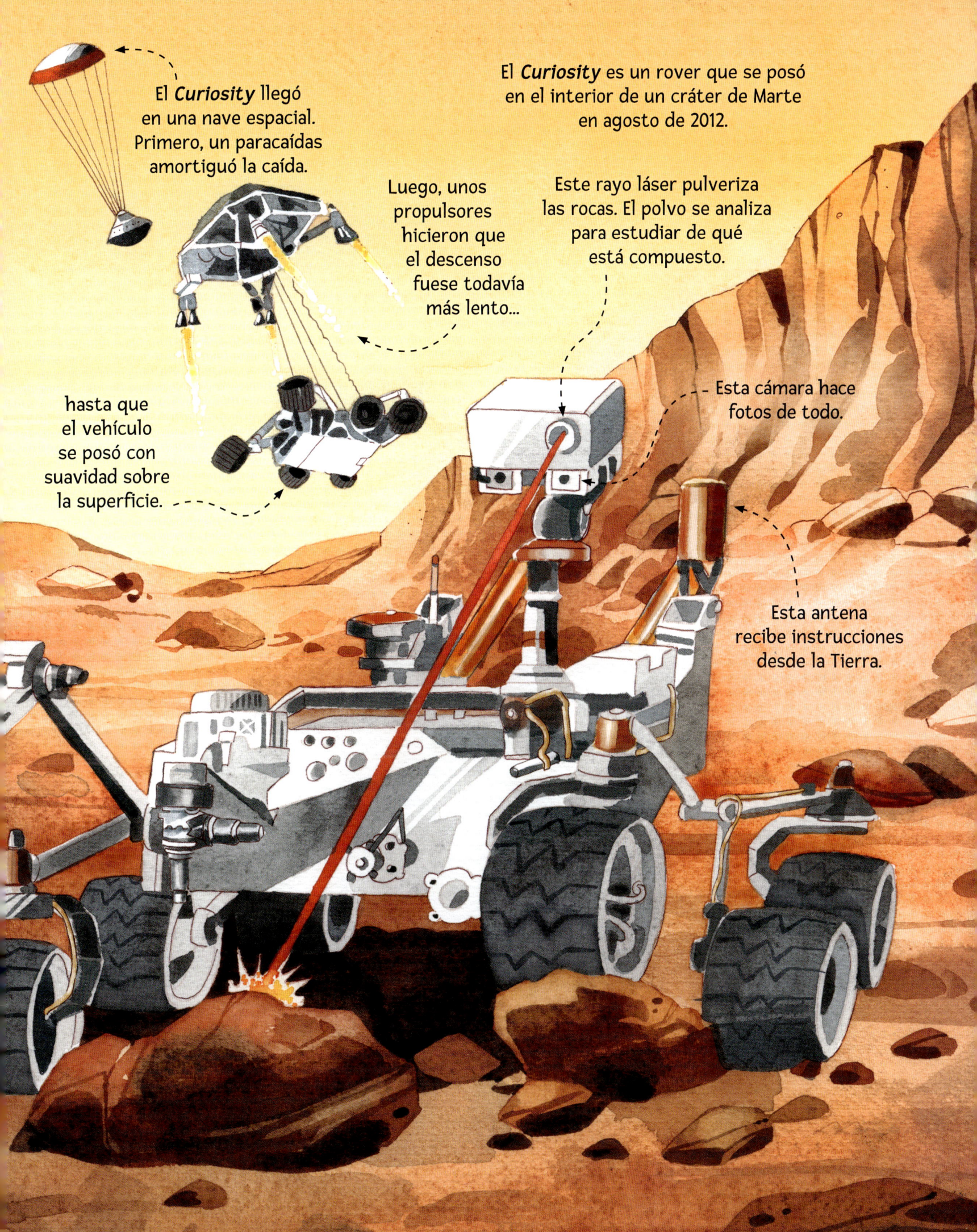

El cielo nocturno

Si miras al cielo en una noche que esté despejada, verás infinidad de estrellas e incluso planetas.

Sirio, la **estrella del Perro**, es la más brillante vista desde la Tierra.

Las estrellas más brillantes suelen agruparse para formar siluetas imaginarias, que se llaman **constelaciones**. Hay un total de 88.

Esta constelación se llama el **Can Mayor**. Si te fijas bien, parece la silueta de un perro.

Una de las constelaciones más famosas es la de **Orión**, el **Cazador**, que es un conocido personaje de la mitología griega.

Los puntos brillantes que forman la **espada** son, en realidad, parte de la **nebulosa de Orión**.

La **estrella Polar** siempre señala el Norte.

La **Cruz del Sur** solo se ve desde el hemisferio sur.

El **Carro** o **Cazo** forma parte de la **Osa Mayor**.

Dependiendo del lugar de la Tierra donde estés, verás unas constelaciones u otras. Busca en internet cuáles son las que se ven desde tu zona.

A simple vista, da la impresión de que la **Luna** brilla. En realidad, lo que vemos es el reflejo de la luz del Sol.

Júpiter

A medida que la Luna gira alrededor de la Tierra, el Sol va iluminando distintas partes de su superficie.

Es posible observar la **Estación Espacial Internacional** a simple vista. Parece una estrella en movimiento.

Como la otra parte queda a oscuras, la Luna parece cambiar de forma.

Cuando los **vientos solares** llegan a la **atmósfera** terrestre crean unos efectos luminosos espectaculares, que se denominan **auroras**.

Desde la Tierra, la parte más brillante de la **Vía Láctea** se ve como una especie de franja borrosa.

A veces confundimos planetas con estrellas. El planeta **Venus** se suele ver cerca del horizonte.

Diseño de la colección: Josephine Thompson

Redacción de la colección: Jane Chisholm

Colaboración en el diseño: Will Dawes y Vickie Robinson

Manipulación de imágenes: Nick Wakeford y John Russell

Traducción: Antonio Navarro Gosálvez

© 2025, 2016, 2013 Usborne Publishing Limited, Usborne House, 83-85 Saffron Hill, Londres EC1N 8RT, Reino Unido
© 2025, 2017, 2014 Usborne Publishing Limited en español para todo el mundo. El nombre Usborne y el logotipo del globo son marcas registradas de Usborne Publishing Limited.
Todos los derechos reservados. No se permite la reproducción total o parcial de este libro, su uso para el entrenamiento de tecnologías o sistemas de inteligencia artificial (incluida la minería de textos o datos), ni su incorporación a sistemas informáticos, sin el permiso previo del editor.